Dear Mr. McAlpin,

Thank you for your patience and encouragement this year. Octavio Paz **was the focus** of the A.P. conferencia...

this poem sounded beautiful

SUNSTONE and amazing... it's made up of 584 lines, corresponding

PIEDRA DE SOL exactly with the number of days of the Mayan calander (I spelled that wrong, didn't I?), and begins and ends w/ the same six lines.

el circulo omnipresente del tiempo y arte, si? Thank you for directing me toward all those horizons yet unexplored. There's so much out there to learn and do! Thank you again,

Colby

ALSO BY OCTAVIO PAZ

Collected Poems 1957–1987

Configurations
A Draft of Shadows
Eagle or Sun?
Early Poems 1935–1955
Selected Poems
A Tree Within

N.5

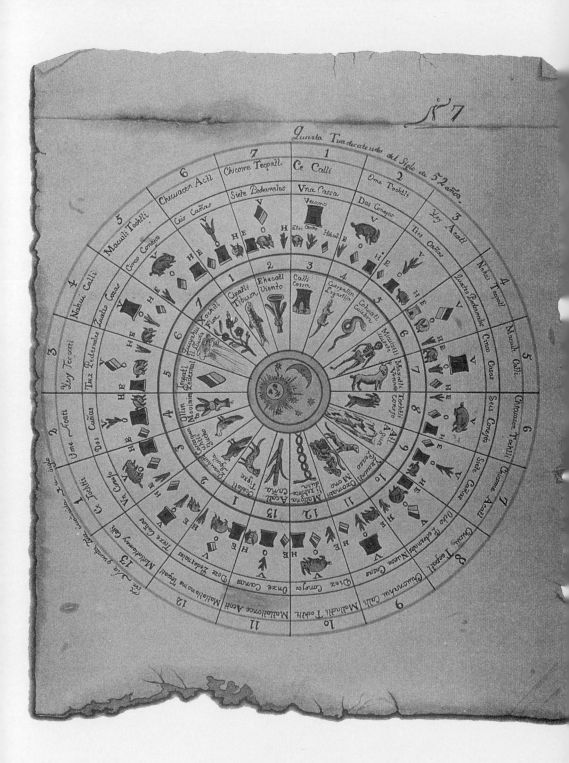

OCTAVIO PAZ

SUNSTONE

PIEDRA DE SOL

TRANSLATED BY ELIOT WEINBERGER

A NEW DIRECTIONS BOOK

Octavio Paz's *Piedra de Sol* first appeared in 1957; Eliot Weinberger's new translation was published in 1987 in *The Collected Poems of Octavio Paz, 1957–1987*. This edition of *Sunstone/Piedra de Sol* marks the first publication of the poem and its Weinberger translation as a separate volume.

Manufactured in the United States of America
New Directions books are printed on acid-free paper.
First published as a signed, limited edition as well as clothbound and as New Directions Paperbook 735 in 1991
Published simultaneously in Canada by Penguin Books Canada Limited

Library of Congress Cataloging-in-Publication Data

Paz, Octavio, 1914–
    [Piedra de sol.   English & Spanish]
    Sunstone = Piedra de sol / Octavio Paz ; translated by Eliot
Weinberger.
        p.   cm.
    Spanish and English on opposite pages.
    ISBN 0–8112–1197–5 : $18.95. — ISBN 0–8112–1195–9 (pbk.) : $8.95
    I. Weinberger, Eliot.   II. Title.   III. Title: Piedra de sol.
PQ7297.P285P5   1991
861–dc20   91–29993
                                                               CIP

New Directions Books are published for James Laughlin
by New Directions Publishing Corporation,
80 Eighth Avenue, New York 10011

SECOND PRINTING

SUNSTONE

PIEDRA DE SOL

La trezième revient . . . c'est encore la première;
et c'est toujours la seule—ou c'est le seul moment;
car es-tu reine, ô toi, la première ou dernière?
es-tu roi, toi le seul ou le dernier amant?

Gérard de Nerval (*Arthémis*)

un sauce de cristal, un chopo de agua,
un alto surtidor que el viento arquea,
un árbol bien plantado mas danzante,
un caminar de río que se curva,
avanza, retrocede, da un rodeo
y llega siempre:
                              un caminar tranquilo
de estrella o primavera sin premura,
agua que con los párpados cerrados
mana toda la noche profecías,
unánime presencia en oleaje,
ola tras ola hasta cubrirlo todo,
verde soberanía sin ocaso
como el deslumbramiento de las alas
cuando se abren en mitad del cielo,

un caminar entre las espesuras
de los días futuros y el aciago
fulgor de la desdicha como un ave
petrificando el bosque con su canto
y las felicidades inminentes
entre las ramas que se desvanecen,
horas de luz que pican ya los pájaros,
presagios que se escapan de la mano,

una presencia como un canto súbito,
como el viento cantando en el incendio,
una mirada que sostiene en vilo
al mundo con sus mares y sus montes,

a crystal willow, a poplar of water,
a tall fountain the wind arches over,
a tree deep-rooted yet dancing still,
a course of a river that turns, moves on,
doubles back, and comes full circle,
forever arriving:
                    the calm course
of the stars or an unhurried spring,
water with eyes closed welling over
with oracles all night long,
a single presence in a surge of waves,
wave after wave till it covers all,
a reign of green that knows no decline,
like the flash of wings unfolding in the sky,

a path through the wilderness of days to come,
and the gloomy splendor of misery like a bird
whose song can turn a forest to stone,
and the imminent joys on branches that vanish,
the hours of light pecked away by the birds,
and the omens that slip past the hand,

a sudden presence like a burst of song,
like the wind singing in a burning building,
a glance that holds the world and all
its seas and mountains dangling in the air,

cuerpo de luz filtrada por un ágata,
piernas de luz, vientre de luz, bahías,
roca solar, cuerpo color de nube,
color de día rápido que salta,
la hora centellea y tiene cuerpo,
el mundo ya es visible por tu cuerpo,
es transparente por tu transparencia,

voy entre galerías de sonidos,
fluyo entre las presencias resonantes,
voy por la transparencias como un ciego,
un reflejo me borra, nazco en otro,
oh bosque de pilares encantados,
bajo los arcos de la luz penetro
los corredores de un otoño diáfano,

voy por tu cuerpo como por el mundo,
tu vientre es una plaza soleada,
tus pechos dos iglesias donde oficia
la sangre sus misterios paralelos,
mis miradas te cubren como yedra,
eres una ciudad que el mar asedia,
una muralla que la luz divide
en dos mitades de color durazno,
un paraje de sal, rocas y pájaros
bajo la ley del mediodía absorto,

vestida del color de mis deseos
como mi pensamiento vas desnuda,
voy por tus ojos como por el agua,

body of light filtered through an agate,
thighs of light, belly of light, the bays,
the solar rock, cloud-colored body,
color of a brisk and leaping day,
the hour sparkles and has a body,
the world is visible through your body,
transparent through your transparency,

I travel my way through galleries of sound,
I flow among echoing presences,
I cross transparencies as though I were blind,
a reflection erases me, I'm born in another,
oh forest of pillars that are enchanted,
through arches of light I travel into
the corridors of a diaphanous fall,

I travel your body, like the world,
your belly is a plaza full of sun,
your breasts two churches where blood
performs its own, parallel rites,
my glances cover you like ivy,
you are a city the sea assaults,
a stretch of ramparts split by the light
in two halves the color of peaches,
a domain of salt, rocks and birds,
under the rule of oblivious noon,

dressed in the color of my desires,
you go your way naked as my thoughts,
I travel your eyes, like the sea,

los tigres beben sueño en esos ojos,
el colibrí se quema en esas llamas,
voy por tu frente como por la luna,
como la nube por tu pensamiento,
voy por tu vientre como por tus sueños,

tu falda de maíz ondula y canta,
tu falda de cristal, tu falda de agua,
tus labios, tus cabellos, tus miradas,
toda la noche llueves, todo el día
abres mi pecho con tus dedos de agua,
cierras mis ojos con tu boca de agua,
sobre mis huesos llueves, en mi pecho
hunde raíces de agua un árbol líquido,

voy por tu talle como por un río,
voy por tu cuerpo como por un bosque,
como por un sendero en la montaña
que en un abismo brusco se termina,
voy por tus pensamientos afilados
y a la salida de tu blanca frente
mi sombra despeñada se destroza,
recojo mis fragmentos uno a uno
y prosigo sin cuerpo, busco a tientas,

corredores sin fin de la memoria,
puertas abiertas a un salón vacío
donde se pudren todos los veranos,
las joyas de la sed arden al fondo,

tigers drink their dreams in those eyes,
the hummingbird burns in those flames,
I travel your forehead, like the moon,
like the cloud that passes through your thoughts,
I travel your belly, like your dreams,

your skirt of corn ripples and sings,
your skirt of crystal, your skirt of water,
your lips, your hair, your glances rain
all through the night, and all day long
you open my chest with your fingers of water,
you close my eyes with your mouth of water,
you rain on my bones, a tree of liquid
sending roots of water into my chest,

I travel your length, like a river,
I travel your body, like a forest,
like a mountain path that ends at a cliff
I travel along the edge of your thoughts,
and my shadow falls from your white forehead,
my shadow shatters, and I gather the pieces
and go on with no body, groping my way,

the endless corridors of memory, the doors
that open into an empty room
where all the summers have come to rot,
jewels of thirst burn at its depths,

rostro desvanecido al recordarlo,
mano que se deshace si la toco,
cabelleras de arañas en tumulto
sobre sonrisas de hace muchos años,

a la salida de mi frente busco,
busco sin encontrar, busco un instante,
un rostro de relámpago y tormenta
corriendo entre los árboles nocturnos,
rostro de lluvia en un jardín a obscuras,
agua tenaz que fluye a mi costado,

busco sin encontrar, escribo a solas,
no hay nadie, cae el día, cae el año,
caigo con el instante, caigo a fondo,
invisible camino sobre espejos
que repiten mi imagen destrozada,
piso días, instantes caminados,
piso los pensamientos de mi sombra,
piso mi sombra en busca de un instante,

busco una fecha viva como un pájaro,
busco el sol de las cinco de la tarde
templado por los muros de tezontle:
la hora maduraba sus racimos
y al abrirse salían las muchachas
de su entraña rosada y se esparcían
por los patios de piedra del colegio,
alta como el otoño caminaba

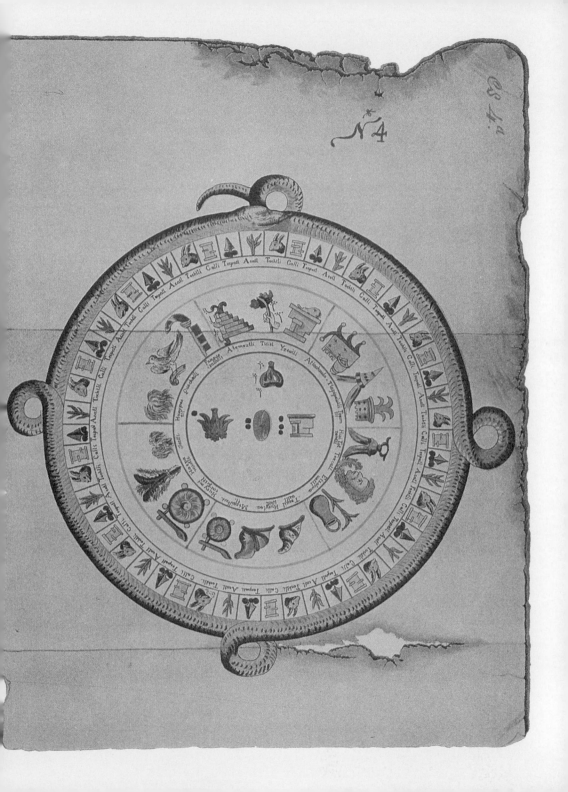

the face that vanishes upon recall,
the hand that crumbles at my touch,
the hair spun by a mob of spiders
over the smiles of years ago,

setting out from my forehead, I search,
I search without finding, search through a moment,
a face of storm and lightning-flashes
racing through the trees of night,
a face of rain in a darkened garden,
relentless water that flows by my side,

I search without finding, I write alone,
there's no one here, and the day falls,
the year falls, I fall with the moment,
I fall to the depths, invisible path
over mirrors repeating my shattered image,
I walk through the days, the trampled moments,
I walk through all the thoughts of my shadow,
I walk through my shadow in search of a moment,

I search for an instant alive as a bird,
for the sun of five in the afternoon
tempered by walls of porous stone:
the hour ripened its cluster of grapes,
and bursting, girls spilled out from the fruit,
scattering in the cobblestone patios of the school,
one was tall as autumn and walked

envuelta por la luz bajo la arcada
y el espacio al ceñirla la vestía
de una piel más dorada y transparente,

tigre color de luz, pardo venado
por los alrededores de la noche,
entrevista muchacha reclinada
en los balcones verdes de la lluvia,
adolescente rostro innumerable,
he olvidado tu nombre, Melusina,
Laura, Isabel, Perséfona, María,
tienes todos los rostros y ninguno,
eres todas las horas y ninguna,
te pareces al árbol y a la nube,
eres todos los pájaros y un astro,
te pareces al filo de la espada
y a la copa de sangre del verdugo,
yedra que avanza, envuelve y desarraiga
al alma y la divide de sí misma,

escritura de fuego sobre el jade,
grieta en la roca, reina de serpientes,
columna de vapor, fuente en la peña,
circo lunar, peñasco de las águilas,
grano de anís, espina diminuta
y mortal que da penas inmortales,
pastora de los valles submarinos
y guardiana del valle de los muertos,
liana que cuelga del cantil del vértigo,

through the arcades enveloped in light,
and space encircled, dressed her in a skin
even more golden and more transparent,

tiger the color of light, brown deer
on the outskirts of night, girl glimpsed
leaning over green balconies of rain,
adolescent incalculable face,
I've forgotten your name, Melusina,
Laura, Isabel, Persephone, Mary,
your face is all the faces and none,
you are all the hours and none,
you're a tree and a cloud, all the birds
and a single star, the edge of the sword
and the executioner's bowl of blood,
the ivy that creeps, envelops, uproots
the soul, and severs it from itself,

writing of fire on a piece of jade,
crack in the stone, queen of snakes,
column of mist, spring in the rock,
lunar circus, aerie of eagles,
anise-seed, thorn tiny and mortal,
thorn that brings immortal pain,
shepherdess of valleys under the sea,
gatekeeper of the valley of the dead,
liana that drops from the cliffs of vertigo,

enredadera, planta venenosa,
flor de resurrección, uva de vida,
señora de la flauta y del relámpago,
terraza del jazmín, sal en la herida,
ramo de rosas para el fusilado,
nieve en agosto, luna del patíbulo,
escritura del mar sobre el basalto,
escritura del viento en el desierto,
testamento del sol, granada, espiga,

rostro de llamas, rostro devorado,
adolescente rostro perseguido
años fantasmas, días circulares
que dan al mismo patio, al mismo muro,
arde el instante y son un solo rostro
los sucesivos rostros de la llama,
todos los nombres son un solo nombre,
todos los rostros son un solo rostro,
todos los siglos son un solo instante
y por todos los siglos de los siglos
cierra el paso al futuro un par de ojos,

no hay nada frente a mí, sólo un instante
rescatado esta noche, contra un sueño
de ayuntadas imágenes soñado,
duramente esculpido contra el sueño,
arrancado a la nada de esta noche,
a pulso levantado letra a letra,
mientras afuera el tiempo se desboca

tangling vine, poisonous plant,
resurrection flower, grape of life,
lady of the flute and the lightning-flash,
terrace of jasmine, salt in the wound,
branch of roses for the man shot down,
snow in August, gallows' moon,
writing of the sea on basalt rock,
writing of the wind on desert sand,
the sun's last will, pomegranate, wheat,

face of flames, face devoured,
adolescent face plagued by phantom years
and circular days that open out
on the same patio, the same wall,
the moment is aflame, and all the faces
that appear in the flames are a single face,
all of the names are a single name,
all of the faces a single face,
all of the centuries a single moment,
and through all the centuries of the centuries
a pair of eyes blocks the way to the future,

there's nothing in front of me, only a moment
salvaged from a dream tonight of coupled
images dreamed, a moment chiseled
from the dream, torn from the nothing
of this night, lifted by hand, letter
by letter, while time, outside, gallops

y golpea las puertas de mi alma
el mundo con su horario carnicero,

sólo un instante mientras las ciudades,
los nombres, los sabores, lo vivido,
se desmoronan en mi frente ciega,
mientras la pesadumbre de la noche
mi pensamiento humilla y mi esqueleto,
y mi sangre camina más despacio
y mis dientes se aflojan y mis ojos
se nublan y los días y los años
sus horrores vacíos acumulan,

mientras el tiempo cierra su abanico
y no hay nada detrás de sus imágenes
el instante se abisma y sobrenada
rodeado de muerte, amenazado
por la noche y su lúgubre bostezo,
amenazado por la algarabía
de la muerte vivaz y enmascarada
el instante se abisma y se penetra,
como un puño se cierra, como un fruto
que madura hacia dentro de sí mismo
y a sí mismo se bebe y se derrama
el instante translúcido se cierra
y madura hacia dentro, echa raíces,
crece dentro de mí, me ocupa todo,
me expulsa su follaje delirante,
mis pensamientos sólo son sus pájaros,

away, and pounding at the doors of my soul
is the world with its bloodthirsty schedules,

only a moment while the cities, names,
flavors and everything that is alive
all crumble inside my blind skull,
while the sorrows of night press on my thoughts,
weigh down my spine, and my blood runs
a little slower, my teeth wobble,
my eyes cloud over, and the days
and years heap their empty horrors,

while time folds its fan shut
and behind its images there's nothing,
the moment plunges into itself
and floats surrounded by death,
threatened by night's lugubrious yawn,
threatened by death that is masked and alive,
the moment plunges into itself,
into itself like a closing fist,
like a fruit that ripens toward its center
and drinks from itself, spilling over,
the moment, translucent, seals itself off
and ripens inward, sends out roots,
grows within me, taking me over,
its feverish leafing drives me out,
my thoughts are nothing more than its birds,

su mercurio circula por mis venas,
árbol mental, frutos sabor de tiempo,

oh vida por vivir y ya vivida,
tiempo que vuelve en una marejada
y se retira sin volver el rostro,
lo que pasó no fue pero está siendo
y silenciosamente desemboca
en otro instante que se desvanece:

frente a la tarde de salitre y piedra
armada de navajas invisibles
una roja escritura indescifrable
escribes en mi piel y esas heridas
como un traje de llamas me recubren,
ardo sin consumirme, busco el agua
y en tus ojos no hay agua, son de piedra,
y tus pechos, tu vientre, tus caderas
son de piedra, tu boca sabe a polvo,
tu boca sabe a tiempo emponzoñado,
tu cuerpo sabe a pozo sin salida,
pasadizo de espejos que repiten
los ojos del sediento, pasadizo
que vuelve siempre al punto de partida,
y tú me llevas ciego de la mano
por esas galerías obstinadas
hacia el centro del círculo y te yergues
como un fulgor que se congela en hacha,
como luz que desuella, fascinante

its mercury runs through my veins, tree
of the mind, fruit that tastes of time,

oh life to live, life already lived,
time that comes back in a swell of sea,
time that recedes without turning its head,
the past is not past, it is still passing by,
flowing silently into the next vanishing moment:

in an afternoon of stone and saltpeter,
armed with invisible razors you write
in red illegible script on my skin,
and the wounds dress me like a suit of flames,
I burn without end, I search for water,
in your eyes there's no water, they're made of stone,
and your breasts, your belly, your hips are stone,
your mouth tastes of dust, your mouth tastes
like poisoned time, your body tastes
like a well that's been sealed, passage of mirrors
where anxious eyes repeat, passage
that always leads back to where it began,
you take me, a blind man, led by the hand,
through relentless galleries toward the center
of the circle, and you rise like splendor
hardened into an axe, like light that flays,

como el cadalso para el condenado,
flexible como el látigo y esbelta
como un arma gemela de la luna,
y tus palabras afiladas cavan
mi pecho y me despueblan y vacían,
uno a uno me arrancas los recuerdos,
he olvidado mi nombre, mis amigos
gruñen entre los cerdos o se pudren
comidos por el sol en un barranco,

no hay nada en mí sino una larga herida,
una oquedad que ya nadie recorre,
presente sin ventanas, pensamiento
que vuelve, se repite, se refleja
y se pierde en su misma transparencia,
conciencia traspasada por un ojo
que se mira mirarse hasta anegarse
de claridad:
              yo vi tu atroz escama,
Melusina, brillar verdosa al alba,
dormías enroscada entre las sábanas
y al despertar gritaste como un pájaro
y caíste sin fin, quebrada y blanca,
nada quedó de ti sino tu grito,
y al cabo de los siglos me descubro
con tos y mala vista, barajando
viejas fotos:
              no hay nadie, no eres nadie,
un montón de ceniza y una escoba,

engrossing as a gallows is to the doomed,
flexible as whips and thin as a weapon
that's twin to the moon, your sharpened words
dig out my chest, depopulate me
and leave me empty, one by one
you extract my memories, I've forgotten my name,
my friends grunt in a wallow with the pigs
or rot in ravines eaten by the sun,

there is nothing inside me but a large wound,
a hollow place where no one goes,
a windowless present, a thought that returns
and repeats itself, reflects itself,
and loses itself in its own transparency,
a mind transfixed by an eye that watches
it watching itself till it drowns itself
in clarity:
                    I saw your horrid scales,
Melusina, shining green in the dawn,
you slept twisting between the sheets,
you woke shrieking like a bird,
and you fell and fell, till white and broken,
nothing remained of you but your scream,
and I find myself at the end of time
with bad eyes and a cough, rummaging through
the old photos:
                    there's no one, you're no one,
a heap of ashes and a worn-out broom,

un cuchillo mellado y un plumero,
un pellejo colgado de unos huesos,
un racimo ya seco, un hoyo negro
y en el fondo del hoyo los dos ojos
de una niña ahogada hace mil años,

miradas enterradas en un pozo,
miradas que nos ven desde el principio,
mirada niña de la madre vieja
que ve en el hijo grande un padre joven,
mirada madre de la niña sola
que ve en el padre grande un hijo niño,
miradas que nos miran desde el fondo
de la vida y son trampas de la muerte
—¿o es al revés: caer en esos ojos
es volver a la vida verdadera?,

¡caer, volver, soñarme y que me sueñen
otros ojos futuros, otra vida,
otras nubes, morirme de otra muerte!
—esta noche me basta, y este instante
que no acaba de abrirse y revelarme
dónde estuve, quién fui, cómo te llamas,
cómo me llamo yo:
                          ¿hacía planes
para el verano—y todos los veranos—
en Christopher Street, hace diez años,
con Filis que tenía dos hoyuelos
donde bebían luz los gorriones?,
¿por la Reforma Carmen me decía

a rusted knife and a feather duster,
a pelt that hangs from a pack of bones,
a withered branch, a black hole,
and there at the bottom the eyes of a girl
drowned a thousand years ago,

glances buried deep in a well,
glances that have watched us since the beginning,
the girl's glance of the aged mother
who sees her grown son a young father,
the mother's glance of the lonely girl
who sees her father a young son,
glances that watch us from the depths
of life, and are the traps of death
—or what if that fall into those eyes
were the way back to true life?

to fall, to go back, to dream myself,
to be dreamed by other eyes that will come,
another life, other clouds,
to die yet another death!
—this night is enough, this moment that never
stops opening out, revealing to me
where I was, who I was, what your name is,
what my name is:
                    was it I making plans
for the summer—and for all the summers—
on Christopher Street, ten years ago,
with Phyllis, who had two dimples in her cheeks
where sparrows came to drink the light?
on the Reforma did Carmen say to me,

"no pesa el aire, aquí siempre es octubre",
o se lo dijo a otro que he perdido
o yo lo invento y nadie me lo ha dicho?,
¿caminé por la noche de Oaxaca,
inmensa y verdinegra como un árbol,
hablando solo como el viento loco
y al llegar a mi cuarto—siempre un cuarto—
no me reconocieron los espejos?,
¿desde el hotel Vernet vimos al alba
bailar con los castaños—"ya es muy tarde"
decías al peinarte y yo veía
manchas en la pared, sin decir nada?,
¿subimos juntos a la torre, vimos
caer la tarde desde el arrecife?,
¿comimos uvas en Bidart?, ¿compramos
gardenias en Perote?,
                          nombres, sitios,
calles y calles, rostros, plazas, calles,
estaciones, un parque, cuartos solos,
manchas en la pared, alguien se peina,
alguien canta a mi lado, alguien se viste,
cuartos, lugares, calles, nombres, cuartos,

Madrid, 1937,
en la Plaza del Ángel las mujeres
cosían y cantaban con sus hijos,
después sonó la alarma y hubo gritos,
casas arrodilladas en el polvo,
torres hendidas, frentes escupidas

"the air's so crisp here, it's always October,"
or was she speaking to another I've forgotten,
or did I invent it and no one said it?
in Oaxaca was I walking through a night
black-green and enormous as a tree,
talking to myself like the crazy wind,
and coming back to my room—always a room—
was it true the mirrors didn't know me?
did we watch the dawn from the Hotel Vernet
dancing with the chestnut trees—
did you say "it's late," combing your hair,
did I watch the stains on the wall and say nothing?
did the two of us climb the tower together,
did we watch evening fall on the reef?
did we eat grapes in Bidart? in Perote
did we buy gardenias?
                                    names, places,
streets and streets, faces, plazas,
streets, a park, stations, single
rooms, stains on the wall, someone
combing her hair, someone dressing,
someone singing at my side, rooms,
places, streets, names, rooms,

Madrid, 1937,
in the Plaza del Ángel the women were sewing
and singing along with their children,
then: the sirens' wail, and the screaming,
houses brought to their knees in the dust,
towers cracked, facades spat out

y el huracán de los motores, fijo:
los dos se desnudaron y se amaron
por defender nuestra porción eterna,
nuestra ración de tiempo y paraíso,
tocar nuestra raíz y recobrarnos,
recobrar nuestra herencia arrebatada
por ladrones de vida hace mil siglos,
los dos se desnudaron y besaron
porque las desnudeces enlazadas
saltan el tiempo y son invulnerables,
nada las toca, vuelven al principio,
no hay tú ni yo, mañana, ayer ni nombres,
verdad de dos en sólo un cuerpo y alma,
oh ser total . . .
　　　　　　　cuartos a la deriva
entre ciudades que se van a pique,
cuartos y calles, nombres como heridas,
el cuarto con ventanas a otros cuartos
con el mismo papel descolorido
donde un hombre en camisa lee el periódico
o plancha una mujer; el cuarto claro
que visitan las ramas del durazno;
el otro cuarto: afuera siempre llueve
y hay un patio y tres niños oxidados;
cuartos que son navíos que se mecen
en un golfo de luz; o submarinos:
el silencio se esparce en olas verdes,
todo lo que tocamos fosforece;
mausoleos del lujo, ya roídos

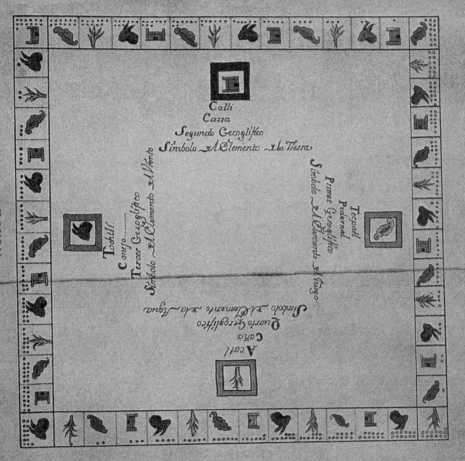

ORIENTE

NORTE

SVR

PONIENTE

Calli
Cassa
Segundo Geroglifico
Simbolo el Elemento la Tierra

Tecpall
Pedernal
Primer Geroglifico
Simbolo el Elemento el fuego

Tochtli
Conejo
Tercer Geroglifico
Simbolo el Elemento el Viento

Acatl
Caña
Quarto Geroglifico
Simbolo el Elemento a la Agua

and the hurricane drone of the engines:
the two took off their clothes and made love
to protect our share of all that's eternal,
to defend our ration of paradise and time,
to touch our roots, to rescue ourselves,
to rescue the inheritance stolen from us
by the thieves of life centuries ago,
the two took off their clothes and kissed
because two bodies, naked and entwined,
leap over time, they are invulnerable,
nothing can touch them, they return to the source,
there is no you, no I, no tomorrow,
no yesterday, no names, the truth of two
in a single body, a single soul,
oh total being . . .
                              rooms adrift
in the foundering cities, rooms and streets,
names like wounds, the room with windows
looking out on other rooms
with the same discolored wallpaper,
where a man in shirtsleeves reads the news
or a woman irons; the sunlit room
whose only guest is the branches of a peach;
and the other room, where it's always raining
outside on the patio and the three boys
who have rusted green; rooms that are ships
that rock in a gulf of light; rooms
that are submarines: where silence dissolves
into green waves, and all that we touch
phosphoresces; and the tombs of luxury,

los retratos, raídos los tapetes;
trampas, celdas, cavernas encantadas,
pajareras y cuartos numerados,
todos se transfiguran, todos vuelan,
cada moldura es nube, cada puerta
da al mar, al campo, al aire, cada mesa
es un festín; cerrados como conchas
el tiempo inútilmente los asedia,
no hay tiempo ya, ni muro; ¡espacio, espacio,
abre la mano, coge esta riqueza,
corta los frutos, come de la vida,
tiéndete al pie del árbol, bebe el agua!,

todo se transfigura y es sagrado,
es el centro del mundo cada cuarto,
es la primera noche, el primer día,
el mundo nace cuando dos se besan,
gota de luz de entrañas transparentes
el cuarto como un fruto se entreabre
o estalla como un astro taciturno
y las leyes comidas de ratones,
las rejas de los bancos y las cárceles,
las rejas de papel, las alambradas,
los timbres y las púas y los pinchos,
el sermón monocorde de las armas,
el escorpión meloso y con bonete,
el tigre con chistera, presidente
del Club Vegetariano y la Cruz Roja,
el burro pedagogo, el cocodrilo

with their portraits nibbled, their rugs unraveling;
and the traps, the cells, the enchanted grottoes,
the birdcages and the numbered rooms,
all are transformed, all take flight,
every molding is a cloud, every door
leads to the sea, the country, the open
air, every table is set for a banquet;
impenetrable as conches, time lays siege
to them in vain, there is no more time,
there are no walls: space, space,
open your hand, gather these riches,
pluck the fruit, eat of life,
stretch out under the tree and drink!

all is transformed, all is sacred,
every room is the center of the world,
it's still the first night, and the first day,
the world is born when two people kiss,
a drop of light from transparent juices,
the room cracks half-open like a fruit
or explodes in silence like a star,
and the laws chewed away by the rats,
the iron bars of the banks and jails,
the paper bars, the barbed wire,
the rubber stamps, the pricks and goads,
the droning one-note sermon on war,
the mellifluous scorpion in a cap and gown,
the top-hatted tiger, chairman of the board
of the Red Cross and the Vegetarian Society,
the schoolmaster donkey, the crocodile cast

metido a redentor, padre de pueblos,
el Jefe, el tiburón, el arquitecto
del porvenir, el cerdo uniformado,
el hijo predilecto de la Iglesia
que se lava la negra dentadura
con el agua bendita y toma clases
de inglés y democracia, las paredes
invisibles, las máscaras podridas
que dividen al hombre de los hombres,
al hombre de sí mismo,
                              se derrumban
por un instante inmenso y vislumbramos
nuestra unidad perdida, el desamparo
que es ser hombres, la gloria que es ser hombres
y compartir el pan, el sol, la muerte,
el olvidado asombro de estar vivos;

amar es combatir, si dos se besan
el mundo cambia, encarnan los deseos,
el pensamiento encarna, brotan alas
en las espaldas del esclavo, el mundo
es real y tangible, el vino es vino,
el pan vuelve a saber, el agua es agua,
amar es combatir, es abrir puertas,
dejar de ser fantasma con un número
a perpetua cadena condenado
por un amo sin rostro;
                              el mundo cambia
si dos se miran ye se reconocen,

in the role of savior, father of the people,
the Boss, the shark, the architect of the future,
the uniformed pig, the favorite son
of the Church who washes his blackened dentures
in holy water and takes classes in civics
and conversational English, the invisible walls,
the rotten masks that divide one man
from another, one man from himself,
                              they crumble
for one enormous moment and we glimpse
the unity that we lost, the desolation
of being man, and all its glories,
sharing bread and sun and death,
the forgotten astonishment of being alive;

to love is to battle, if two kiss
the world changes, desires take flesh,
thoughts take flesh, wings sprout
on the backs of the slave, the world is real
and tangible, wine is wine, bread
regains its savor, water is water,
to love is to battle, to open doors,
to cease to be a ghost with a number
forever in chains, forever condemned
by a faceless master;
                              the world changes
if two look at each other and see,

amar es desnudarse de los nombres:
"déjame ser tu puta", son palabras
de Eloísa, mas él cedió a las leyes,
la tomó por esposa y como premio
lo castraron después;
　　　　　　　　　　mejor el crimen,
los amantes suicidas, el incesto
de los hermanos como dos espejos
enamorados de su semejanza,
mejor comer el pan envenenado,
el adulterio en lechos de ceniza,
los amores feroces, el delirio,
su yedra ponzoñosa, el sodomita
que lleva por clavel en la solapa
un gargajo, mejor ser lapidado
en las plazas que dar vuelta a la noria
que exprime la substancia de la vida,
cambia la eternidad en horas huecas,
los minutos en cárceles, el tiempo
en monedas de cobre y mierda abstracta;

mejor la castidad, flor invisible
que se mece en los tallos del silencio,
el difícil diamante de los santos
que filtra los deseos, sacia al tiempo,
nupcias de la quietud y el movimiento,
canta la soledad en su corola,
pétalo de cristal es cada hora,
el mundo se despoja de sus máscaras

to love is to undress our names:
"let me be your whore" said Héloise,
but he chose to submit to the law
and made her his wife, and they rewarded him
with castration;
                              better the crime,
the suicides of lovers, the incest committed
by brother and sister like two mirrors
in love with their likeness, better to eat
the poisoned bread, adultery on a bed
of ashes, ferocious love, the poisonous
vines of delirium, the sodomite who wears
a gob of spit for a rose in his lapel,
better to be stoned in the plaza than to turn
the mill that squeezes out the juice of life,
that turns eternity into empty hours,
minutes into prisons, and time into
copper coins and abstract shit;

better chastity, the invisible flower
that rocks atop the stalks of silence,
the difficult diamond of the holy saints
that filters desires, satiates time,
the marriage of quietude and motion,
solitude sings within its corolla,
every hour is a petal of crystal,
the world strips off its masks,

y en su centro, vibrante transparencia,
lo que llamamos Dios, el ser sin nombre,
se contempla en la nada, el ser sin rostro
emerge de sí mismo, sol de soles,
plenitud de presencias y de nombres;

sigo mi desvarío, cuartos, calles,
camino a tientas por los corredores
del tiempo y subo y bajo sus peldaños
y sus paredes palpo y no me muevo,
vuelvo adonde empecé, busco tu rostro,
camino por las calles de mí mismo
bajo un sol sin edad, y tú a mi lado
caminas como un árbol, como un río
caminas y me hablas como un río,
creces como una espiga entre mis manos,
lates como una ardilla entre mis manos,
vuelas como mil pájaros, tu risa
me ha cubierto de espumas, tu cabeza
es un astro pequeño entre mis manos,
el mundo reverdece si sonríes
comiendo una naranja,
                      el mundo cambia
si dos, vertiginosos y enlazados,
caen sobre la yerba: el cielo baja,
los árboles ascienden, el espacio
sólo es luz y silencio, sólo espacio
abierto para el águila del ojo,
pasa la blanca tribu de las nubes,

and at its heart, a transparent shimmer
that we call God, nameless being
who studies himself in the void, faceless
being emerged from himself, sun
of suns, plenitude of presences and names;

I follow my raving, rooms, streets,
I grope my way through corridors of time,
I climb and descend its stairs, I touch
its walls and do not move, I go back
to where I began, I search for your face,
I walk through the streets of myself
under an ageless sun, and by my side
you walk like a tree, you walk like a river,
and talk to me like the course of a river,
you grow like wheat between my hands,
you throb like a squirrel between my hands,
you fly like a thousand birds, and your laugh
is like the spray of the sea, your head
is a star between my hands, the world
grows green again when you smile,
eating an orange,
                              the world changes
if two, dizzy and entwined, fall
on the grass: the sky comes down, trees
rise, space becomes nothing but light
and silence, open space for the eagle
of the eye, the white tribe of clouds

rompe amarras el cuerpo, zarpa el alma,
perdemos nuestros nombres y flotamos
a la deriva entre el azul y el verde,
tiempo total donde no pasa nada
sino su propio transcurrir dichoso,

no pasa nada, callas, parpadeas
(silencio: cruzó un ángel este instante
grande como la vida de cien soles),
¿no pasa nada, sólo un parpadeo?
—y el festín, el destierro, el primer crimen,
la quijada del asno, el ruido opaco
y la mirada incrédula del muerto
al caer en el llano ceniciento,
Agamenón y su mugido inmenso
y el repetido grito de Casandra
más fuerte que los gritos de las olas,
Sócrates en cadenas (el sol nace,
morir es despertar: "Critón, un gallo
a Esculapio, ya sano de la vida");
el chacal que diserta entre las ruinas
de Nínive, la sombra que vio Bruto
antes de la batalla, Moctezuma
en el lecho de espinas de su insomnio,
el viaje en la carreta hacia la muerte
—el viaje interminable mas contado
por Robespierre minuto tras minuto,
la mandíbula rota entre las manos—,
Churruca en su barrica como un trono

goes by, and the body weighs anchor,
the soul sets sail, and we lose
our names and float adrift in the blue
and green, total time where nothing
happens but its own, easy crossing,

nothing happens, you're quiet, you blink,
(silence: just now an angel crossed,
huge as the life of a hundred suns),
is nothing happening, only a blink?
—and the banquet, the exile, the first crime,
the jawbone of the ass, the opaque thud
and the startled glance of the dead falling
on an ash-strewn plain, Agamemnon's
great bellow, the screams of Cassandra,
over and over, louder than the sea,
Socrates in chains (the sun rises,
to die is to wake: "Crito, a cock
for Aesculapius, I am cured of life"),
the jackal discoursing in the ruins of Nineveh,
the shade that appeared to Brutus on the eve
of the battle, Moctezuma insomniac
on his bed of thorns, the ride in the carriage
toward death—the interminable ride,
counted minute by minute by Robespierre,
his broken jaw between his hands,
Churruca on his cask like a scarlet throne,

escarlata, los pasos ya contados
de Lincoln al salir hacia el teatro,
el estertor de Trotsky y sus quejidos
de jabalí, Madero y su mirada
que nadie contestó: ¿por qué me matan?,
los carajos, los ayes, los silencios
del criminal, el santo, el pobre diablo,
cementerios de frases y de anécdotas
que los perros retóricos escarban,
el delirio, el relincho, el ruido obscuro
que hacemos al morir y ese jadeo
de la vida que nace y el sonido
de huesos machacados en la riña
y la boca de espuma del profeta
y su grito y el grito del verdugo
y el grito de la víctima . . .

                              son llamas
los ojos y son llamas lo que miran,
llama la oreja y el sonido llama,
brasa los labios y tizón la lengua,
el tacto y lo que toca, el pensamiento
y lo pensado, llama el que lo piensa,
todo se quema, el universo es llama,
arde la misma nada que no es nada
sino un pensar en llamas, al fin humo:
no hay verdugo ni víctima . . .

                              ¿y el grito
en la tarde del viernes?, y el silencio
que se cubre de signos, el silencio

the numbered steps of Lincoln as he left
for the theater, Trotsky's death-rattle
and his howl like a boar, Madero's gaze
that no one returned: why are they killing me?,
and the curses, the sighs, the silence
of the criminal, the saint, the poor devil,
graveyards of anecdotes and phrases scratched up
by rhetorical dogs, and the shouts of victory,
the raving, the dark sound we make
when dying and that pulsebeat of life
as it's born, and the sound of bones being crushed
in the fray and the foaming mouth of the prophet
and his scream and the scream of the hangman
and the scream of the victim . . .

                              eyes are flames,
what they see is flames, the ear a flame
and sounds a flame, lips are coals,
the tongue is a poker, touch and the touched,
thought and the thought-of, he who thinks
is flame, all is burning, the universe
is flame, the nothing is burning, the nothing
that is only a thought in flames, and nothing
in the end but smoke: there is no victim,
there is no hangman . . .

                       and the cry on Friday
afternoon?, and the silence covered in signs,

que dice sin decir, ¿no dice nada?,
¿no son nada los gritos de los hombres?,
¿no pasa nada cuando pasa el tiempo?

—no pasa nada, sólo un parpadeo
del sol, un movimiento apenas, nada,
no hay redención, no vuelve atrás el tiempo,
los muertos están fijos en su muerte
y no pueden morirse de otra muerte,
intocables, clavados en su gesto,
desde su soledad, desde su muerte
sin remedio nos miran sin mirarnos,
su muerte ya es la estatua de su vida,
un siempre estar ya nada para siempre,
cada minuto es nada para siempre,
un rey fantasma rige tus latidos
y tu gesto final, tu dura máscara
labra sobre tu rostro cambiante:
el monumento somos de una vida
ajena y no vivida, apenas nuestra,

—¿la vida, cuándo fue de veras nuestra?,
¿cuándo somos de veras lo que somos?,
bien mirado no somos, nunca somos
a solas sino vértigo y vacío,
muecas en el espejo, horror y vómito,
nunca la vida es nuestra, es de los otros,
la vida no es de nadie, todos somos
la vida—pan de sol para los otros,

the silence that speaks without ever speaking,
does it say nothing? are cries nothing?
does nothing happen as time passes by?

—nothing happens, only a blink
of the sun, nothing, barely a motion,
there is no redemption, time can never
turn back, the dead are forever
fixed in death and cannot die
another death, they are untouchable,
frozen in a gesture, and from their solitude,
from their death, they watch us,
helpless, without ever watching,
their death is now a statue of their life,
an eternal being eternally nothing,
every minute is eternally nothing,
a ghostly king rules over your heartbeat
and your final expression, a hard mask
is formed over your changing face:
the monument that we are to a life,
unlived and alien, barely ours,

—when was life ever truly ours?
when are we ever what we are?
we are ill-reputed, nothing more
than vertigo and emptiness, a frown in the mirror,
horror and vomit, life is never
truly ours, it always belongs to the others,
life is no one's, we all are life—
bread of the sun for the others,

los otros todos que nosotros somos—,
soy otro cuando soy, los actos míos
son más míos si son también de todos,
para que pueda ser he de ser otro,
salir de mí, buscarme entre los otros,
los otros que no son si yo no existo,
los otros que me dan plena existencia,
no soy, no hay yo, siempre somos nosotros,
la vida es otra, siempre allá, más lejos,
fuera de ti, de mí, siempre horizonte,
vida que nos desvive y enajena,
que nos inventa un rostro y lo desgasta,
hambre de ser, oh muerte, pan de todos,

Eloísa, Perséfona, María,
muestra tu rostro al fin para que vea
mi cara verdadera, la del otro,
mi cara de nosotros siempre todos,
cara de árbol y de panadero,
de chofer y de nube y de marino,
cara de sol y arroyo y Pedro y Pablo,
cara de solitario colectivo,
despiértame, ya nazco:
                              vida y muerte
pactan en ti, señora de la noche,
torre de claridad, reina del alba,
virgen lunar, madre del agua madre,
cuerpo del mundo, casa de la muerte,
caigo sin fin desde mi nacimiento,

the others that we all are—
when I am I am another, my acts
are more mine when they are the acts
of others, in order to be I must be another,
leave myself, search for myself
in the others, the others that don't exist
if I don't exist, the others that give me
total existence, I am not,
there is no I, we are always us,
life is other, always there,
further off, beyond you and
beyond me, always on the horizon,
life which unlives us and makes us strangers,
that invents our face and wears it away,
hunger for being, oh death, our bread,

Mary, Persephone, Héloise, show me
your face that I may see at last
my true face, that of another,
my face forever the face of us all,
face of the tree and the baker of bread,
face of the driver and the cloud and the sailor,
face of the sun and face of the stream,
face of Peter and Paul, face
of this crowd of hermits, wake me up,
I've already been born:
                                        life and death
make a pact within you, lady of night,
tower of clarity, queen of dawn,
lunar virgin, mother of mother sea,
body of the world, house of death,
I've been falling endlessly since my birth,

caigo en mí mismo sin tocar mi fondo,
recógeme en tus ojos, junta el polvo
disperso y reconcilia mis cenizas,
ata mis huesos divididos, sopla
sobre mi ser, entiérrame en tu tierra,
tu silencio dé paz al pensamiento
contra sí mismo airado;
                              abre la mano,
señora de semillas que son días,
el día es inmortal, asciende, crece,
acaba de nacer y nunca acaba,
cada día es nacer, un nacimiento
es cada amanecer y yo amanezco,
amanecemos todos, amanece
el sol cara de sol, Juan amanece
con su cara de Juan cara de todos,

puerta del ser, despiértame, amanece,
déjame ver el rostro de este día,
déjame ver el rostro de esta noche,
todo se communica y transfigura,
arco de sangre, puente de latidos,
llévame al otro lado de esta noche,
adonde yo soy tú somos nosotros,
al reino de pronombres enlazados,

puerta del ser: abre tu ser, despierta,
aprende a ser también, labra tu cara,
trabaja tus facciones, ten un rostro

I fall in myself without touching bottom,
gather me in your eyes, collect
my scattered dust and reconcile my ashes,
bind these unjointed bones, blow over
my being, bury me deep in your earth,
and let your silence bring peace to thought
that rages against itself:
                              open
your hand, lady of seeds that are days,
the day is immortal, it rises and grows,
it has just been born, its birth never ends,
each day is a birth, each dawn is a birth
and I am dawning, we all are dawning,
the sun dawns with the face of the sun,
John dawns with John's face,
the face of John that is everyone's face,

door of being, dawn and wake me,
allow me to see the face of this day,
allow me to see the face of this night,
all communicates, all is transformed,
arch of blood, bridge of the pulse,
take me to the other side of this night,
where I am you, we are us,
the kingdom where pronouns are intertwined,

door of being: open your being
and wake, learn to be, form
your face, develop your features, have

para mirar mi rostro y que te mire,
para mirar la vida hasta la muerte,
rostro de mar, de pan, de roca y fuente,
manantial que disuelve nuestros rostros
en el rostro sin nombre, el ser sin rostro,
indecible presencia de presencias . . .

quiero seguir, ir más allá, y no puedo:
se despeñó el instante en otro y otro,
dormí sueños de piedra que no sueña
y al cabo de los años como piedras
oí cantar mi sangre encarcelada,
con un rumor de luz el mar cantaba,
una a una cedían las murallas,
todas las puertas se desmoronaban
y el sol entraba a saco por mi frente,
despegaba mis párpados cerrados,
desprendía mi ser de su envoltura,
me arrancaba de mí, me separaba
de mi bruto dormir siglos de piedra
y su magia de espejos revivía
un sauce de cristal, un chopo de agua,
un alto surtidor que el viento arquea,
un árbol bien plantado mas danzante,
un caminar de río que se curva,
avanza, retrocede, da un rodeo
y llega siempre:

a face I can see to see my face,
to see life until its death, a face
of the sea, bread, rocks and a fountain,
source where all our faces dissolve
in the nameless face, the faceless being,
the unspeakable presence of presences . . .

I want to go on, to go further, and cannot:
as each moment was dropping into another
I dreamt the dreams of dreamless stones,
and there at the end of the years like stones
I heard my blood, singing in its prison,
and the sea sang with a murmur of light,
one by one the walls gave way,
all of the doors were broken down,
and the sun came bursting through my forehead,
it tore apart my closed lids,
cut loose my being from its wrappers,
and pulled me out of myself to wake me
from this animal sleep and its centuries of stone,
and the sun's magic of mirrors revived
a crystal willow, a poplar of water,
a tall fountain the wind arches over,
a tree deep-rooted yet dancing still,
a course of a river that turns, moves on,
doubles back, and comes full circle,
forever arriving:

NOTES

NOTAS

Piedra de sol se publicó primero como libro en México en 1957. La primera edición incluía la siguiente nota del autor:

"En la portada de este libro aparece la cifra 585 escrita con el sistema maya de numeración; asimismo, los signos mexicanos correspondientes al Día 4 Olín (Movimiento) y al Día 4 Ehécatl (Viento) figuran al principio y fin del poema. Quizá no sea inútil señalar que este poema está compuesto por 584 endecasílabos (los seis últimos no se cuentan porque son idénticos a los seis primeros; en realidad, con ellos no termina sino vuelve a empezar el poema). Este número de versos es igual al de la revolución sinódica del planeta Venus [♀], que es de 584 días. Los antiguos mexicanos llevaban la cuenta del ciclo venusino (y de los planetas visibles a simple vista) a partir del Día 4 Olín; el Día 4 Ehécatl señalaba, 584 días después, la conjunción de Venus y el Sol y, en consecuencia, el fin de un ciclo y el principio de otro . . .

"El planeta Venus aparece dos veces al día, como Estrella de la Mañana (Phosphorus) y como Estrella de la Tarde (Hesperus). Esta dualidad (Lucifer y Vésper) no ha dejado de impresionar a los hombres de todas las civilizaciones, que han visto en ella un símbolo, una cifra o una encarnación de la ambigüedad esencial del universo. Así, Ehécatl, divinidad del viento, era una de las manifestaciones de Quetzalcóatl, la serpiente emplumada, que concentra las dos vertientes de la vida. Asociado a la Luna, a la humedad, al agua, a la vegetación naciente, a la muerte y resurrección de la naturaleza, para los antiguos mediterráneos el planeta Venus era un nudo de imágenes y fuerzas ambivalentes: Istar, la Dama del Sol, la Piedra Cónica, la Piedra sin Labrar (que recuerda al 'pedazo de madera sin pulir' del taoísmo), Afrodita, la cuádruple Venus del Cicerón, la doble diosa de Pausanias, etc."

* * *

Sunstone was first published as a separate volume in Mexico City in 1957. That edition included the following author's note:

"On the title page of this book appears the number 585 written according to the Maya system; the Mexican signs corresponding to Day 4 Olin (Movement) and Day 4 Ehecatl (Wind) appear at the beginning and end of the poem. It may be helpful to point out that the poem is composed of 584 hendecasyllabic lines (the final six syllables are not counted as they are identical to the first six; with them the poem does not end, but rather returns to its beginning). This number of lines is equal to the synodical revolution of the planet Venus [♀], which is 584 days. The ancient Mexicans began their count of the Venusian cycle (and of the other visible planets) with Day 4 Olin; Day 4 Ehecatl, 584 days later, marked the conjunction of Venus and the Sun, the end of one cycle and the beginning of another. . . .

"The planet Venus appears twice each day, as the morning star (Phosphorus) and as the evening star (Hesperus). This duality (Lucifer and Vesper) has inspired every civilization whose people have taken Venus as a symbol, a sign or an incarnation of the essential duality of the universe. Thus Ehecatl, god of the wind, was one of the incarnations of Quetzalcoatl, the plumed serpent, who brings together the two aspects of life. Associated with the Moon, dampness, water, the new growth of vegetation and the death and resurrection of nature, for the ancient Mediterraneans Venus was a knot of images and ambivalent forces: Ishtar, the Lady of the Sun, the Conical Stone, the Uncarved Stone (reminiscent of the "uncarved block of wood" in Taoism), Aphrodite, the quadruple Venus of Cicero, the double goddess of Pausanias, and so on."

*   *   *

Las ilustraciones en esta edición—representaciones del calendario mexicano—fueron dibujadas probablemente por informantes indígenas en el siglo XVI y al principio del siglo XVII. Posteriormente anotaciones en español fueron añadidas, y las láminas fueron cambiadas, redibujadas y redibujadas varias veces para las diversas ediciones del siglo XVIII. Las versiones en este volumen vienen de *Los calendarios mexicanos* de Mariano Fernández de Echeverría y Veytia, que formaba parte de su *Historia antigua de México*, que se completó en 1782, pero se publicó por primera vez postumamente en 1836. En 1907 la sección sobre el calendario mexicano fue reeditada por el Museo Nacional con láminas distintas. Se cree que esas versiones de 1907—que reproducimos aquí—son mas fieles a las versiones de 1782 de Veytia que las de la edición de 1836. Como sea, es una serie de las muchas variantes que no tienen un original.

* * *

The illustrations in this edition—representations of the Mexican calendar—were probably drawn by native informants in the sixteenth and early seventeenth century. They subsequently had Spanish captions added, were changed, redrawn and redrawn again for various editions in the eighteenth century. The versions here are taken from Mariano Fernández de Echeverría y Veytia's *Los calendarios mexicanos* [The Mexican Calendars], part of his *Historia antigua de México* [Ancient History of Mexico], which was completed in 1782, but first published posthumously in 1836. In 1907 the section on the Mexican calendar was reprinted by the National Museum with different plates. It is believed that these 1907 versions—reproduced here—are closer to Veytia's 1782 versions than those in the 1836 edition. Whatever the case, they are one set of the many variants of no surviving original.

* * *